いつでも共にいてくれる

イエスのことば100

はじめに

今日「イエス・キリスト」として一般的に知られる、ナザレのイエスという人物を形容する言葉はいろいろありますが、聖書的な世界観ではイエスは「神のことば」と呼ばれています。イエスの存在そのものが「神のメッセージを伝えることば」だったというわけです。そのイエスの言葉は、いまや全世界に広まっており、さまざまな人の生きる力ともなっています。

イエスは紀元前6～4年頃にパレスチナの地ベツレヘムで生まれ、33年の生涯のほとんどをナザレという小さな町でひっそりと過ごしました。30歳の時、自分の使命を果たすため、神のメッセージを伝え始めます。その際も、目立たないガリラヤ地方を主な活動場所とし、その言葉を伝えた主な相手は地元の漁師や労働者、女性、子どもたち、病気で苦しむ人、そして特に弱い立場にある人びとでした。イエスは言葉を伝えるだけではなく、神が彼と共にいるしるしとして病気を治したり、パンを増やすといった奇跡も行ったため、その名前は次第に国中に広まっていきました。一方、イエスは当時の社会の宗教的・政治的支配階級であった人びとの偽善を告発していったことにより反発を招き、最終的には「神を冒涜《ぼうとく》した者」として十字架の上で命を終えます。

彼の弟子たちはしかし、イエスが3日ののちに復活し、天に昇ったことを証言しており、その体験をもとにイエスを「神の子」として信じる信仰が世界に広まっていくことになります。

この本のねらいは、イエスの言葉を、キリスト教の信者だけではなく、今の日本に生きるより多くの皆さん、特に若者たちに新しい形で伝えることにあります。2000年もの間、時と場所を超えて大きな影響を与えてきたイエスのメッセージが、いま新たな息吹に満たされて皆さんの心に届きますように。私たちと同じように喜び、汗を流し、友情を大切にし、苦しみ、泣き、生きたイエス。そんな彼のリアルな姿がこれらの言葉をとおして皆さんに伝わってくれたらこれ以上の喜びはありません。

サブタイトルとして、「いつでも共にいてくれる」とありますが、これはイエスという存在が共にいてくれる、という意味もあり、また、イエスの言葉も共にいてくれるという意味もあります。

この本は最初から最後まで一気に読む必要はありません。気分のおもむくままにページを開いて、イエスの言葉を一つずつ味わってください。もしかしたら多くの言葉は今の段階でははっきりと意味がわからないかもしれません。しかし、何年かあとに響き始めるかもしれません。長く大切にしていただけたら幸いです。

この本を書くために、解説の部分で日本に生きる多くのサレジオ会員たちの協力を得ました。一人ひとり名前をあげられないことが残念ですが、ここに厚く感謝したいと思います。

2013年10月7日　ロザリオの聖母の記念日に

監修者　浦田慎二郎（サレジオ会司祭）

〔この本は神学や正式な聖書解釈の本ではなく、あくまでもイエスの言葉に興味をもっていただき、いずれ本格的に聖書を手に取ってもらいたいという希望のもとに作られました。イエスの言葉を紹介するにあたり、四福音書の並行箇所の異なる言い方を一つにまとめ、よりわかりやすい言い方や言葉にしました。その際に、決して原文の意図をねじまげることがないように細心の注意をはらいました。〕

〔イエスの言葉の出典として、各頁の左下に聖書の参考箇所を記しています。例えば「マタイ11・28－30」は、「新約聖書マタイによる福音書11章28－30節」のことです。〕

イエスの
ことば
100

イエスのことば
100

No. 1

疲《つか》れている人、
重荷を負っている人は、来なさい。
休ませてあげるから。

マタイ11・28—30

イエスは苦しんでいる人、悩める人に、深い優しさをもって生きていました。そして彼らがどうしたら心の重荷をおろせるか、知っていたのです。「あなたを休ませてあげる」とイエスは言いますが、それは彼のもとで心を休めると同時に、新しい生き方を示すことでもありました。他人にどう見られているか、などを気にして生きるのではなく、イエスのように神を信頼して、他人を心から愛することによって、日常の生き方がもっと軽やかになるんだよ、ということを言っています。

No. 2

その日の苦労は
その日だけで十分なんだよ。

マタイ6・34

私たちは毎日「何を食べようか」「何を飲もうか」「何を着ようか」といろいろな心配をしてしまいます。そして今日のことだけでなく、もっと先のことまで心配してしまうのです。まるでそのことだけが大事なことであるかのように……。そんな私たちに語りかけるイエスの言葉です。イエスは「御父《おんちち》」である神を絶対的に信頼していたのです。今、自分ができることをしていれば、未来のことは心配しなくても絶対大丈夫だよ、そこは御父が考えてくれるから、と言っているのです。

No. 3

恐《おそ》れないで。
君たちの髪《かみ》の毛一本までも
数えられている。

マタイ10・30―31／ルカ12・7

神は私たちのことをすべて知っておられる、と聞いた時の私たちのリアクションは、もしかしたら両極端に分かれるのかもしれません。自分の悪いこともすべてお見通しの方を前にして恐れおののくか、反対にすべてを知り導いてくださる方に安心しゆだねるか……。これで私たちが神に対してどんな気持ちをもっているかがわかります。イエスが私たちに伝えているのは後者です。「恐れないで」とは「心配しないで」ということ。よいお方である神は私たちのことをいつも心に留《と》め見守ってくださるのだから、いろいろな困難や不安があっても、心配せずに歩んでいきましょう。

No. 4

私の平和をあなたたちに与《あた》えます。
私はこれを、
世界が与えるようには与えません。

ヨハネ14・27

普通「平和」というと、単に戦争がない状態や、何のトラブルや心配もない安全な状態をイメージしがちですが、イエスの平和は違うもののようです。苦しいことや試練がないわけではないのです。イエス自身、十字架上で大きな苦しみを味わいました。でもあれほど大きな苦しみに耐えられたのは、心の内に決して消えない平和があったからでしょう。何があっても、最終的には神がよくしてくださる、という信頼に基づく平和なのです。

No. 5

あなたたちだけで
静かなところへ行って、
しばらく休みなさい。

マルコ6・31

リーダーシップ論の世界的権威であるジョン・アデアによると、優《すぐ》れたリーダーの資質の一例として「誠実さ」「熱意」「思いやり」「冷静さ」「厳格にして公正」をあげています。イエスは弟子たちに厳しい要求をすることもありましたが、彼らの苦労をよくわかってあげられる思いやりのある人でした。弟子たちが一生懸命働いていて、休む暇がないのを見て、「静かなところで休みなさい」と言ってあげられることができたのです。イエスの温かさが感じられる一言です。

No. 6

もう泣かなくてもいい。

ルカ7・13

愛する人の死は、私たちを悲しみのどん底につきおとします。夫に先立たれ、さらに数日前に一人息子も失ってしまった母親がいました。この母親の涙は枯《か》れることがありませんでした。イエスはこの母親を見て、心から深く同情し、この言葉を発します。イエスは人の悲しみに寄り添う方です。私たちの最大の悲しみは死です。イエスは最終的にご自分の死と復活によって、私たちに寄り添ってこう言います。「死は終わりではない、だからもう泣かなくてもいい。」

No. 7

心を騒《さわ》がせないで。
神を信じなさい。

ヨハネ14・1

小さい時、外出先などで、そばにいるはずの母親から迷子になったと気づき、泣いた経験を皆もっていることでしょう。でも、母親が一緒にいてくれるなら、嫌なことがあっても乗り越えられる気持ちになるものです。イエスの言っている、「神を信じる」ということも似た要素があります。母親が共にいてくれるように、神もあなたと共にいてくれているんですよ、だから何があっても心を騒がせないで。それを信じてください、というメッセージです。イエスは「苦しみ・死・悲しみ」をすべて無くすとは約束はしませんが、「神はいつも共にいる」と約束したのです。

No. 8

私は世の終わりまで、
いつもあなたがたと共にいます。

マタイ28・20

ともにいる

No. 9

イエスは涙《なみだ》を流《なが》された。

ヨハネ11・35

皆さんはイエスについてどんな姿をイメージしますか？　指導者として威厳《いげん》のあるイエス、たとえ話をとおして人びとに教えるイエス、嵐をしずめ病人を癒《いや》す不思議なイエス、罪人《つみびと》や子どもたちに優しく接するイエスなどはあるかもしれませんが、涙を流すイエスを想像したことはあまりないかもしれません。イエスは自分の大切な友人ラザロの死の知らせを聞いて涙を流しました。いろいろ複雑な気持ちがあったのだと思いますが、彼にとっても、友を失うということは非常に悲しいことだったのです。イエスは感情豊かな人間でした。

No. 10

イエスは、
自分の時が来たことを知って、
弟子《でし》たちを愛して、
この上なく愛し抜《ぬ》かれた。

ヨハネ13・1

どんな時も、感情的にならず、常に冷静でクールな人もいるでしょう。イエスはそういうタイプの人ではありませんでした。人びとと喜びを共にし、友のために泣き、不正に対して憤《いきどお》りを感じます。そして自分の死を前にして、自分が大切にしていた弟子たちを「愛して、この上なく愛し抜かれた」のです。彼らともう会えなくなるということを身にしみて感じていたのでしょう。神と呼ばれるイエスが、ここまで弟子たちを愛していたということが、むしろ人間のすばらしさを感じさせてくれます。もし明日あなたの人生が終わるなら、あなたはだれに何をしますか？

No. 11

私が来たのは、
正しい人を招くためではなく、
罪人《つみびと》を招くためである。

マタイ9・13／マルコ2・17／ルカ5・32

世界の一流チームで活躍するあるサッカー選手は、中学生のころ、「悪ガキ」だったようで、金髪に染めて学校や部活をサボってゲームセンターに行ったりしていたようです。しかし、そんな彼を顧問の先生は決して見捨てず、厳しく叱り、サッカーへの情熱をもう一度もたせることに成功しました。イエスもそんなところがあるようです。道をそれた人に対して、あえて自分から特別な愛情で近づいていき、神のところへ連れ戻そうとする。イエスは「自分はそのために来た」とさえ言うのです。それこそが自分の使命であり、喜びであったということでしょう。

No. 12

私は、今日も明日も、
その次の日も、
自分の道を歩まねばならない。

ルカ13・33

人間にはそれぞれ自分の使命があります。それを投げ出してしまう人もいれば、忠実に、その道を歩もうとする人もいます。イエスには特別な使命があったとはいえ、彼の歩みも地道な積み重ねでした。「赤ちゃん」として生まれ、一日一日と、しかし毎日、33年間、成長したのです。大人になり、人びとに教え始められたイエスは、自分の使命を「今日も、明日も、その次の日も」一歩一歩果たしました。私たちも与えられた能力・性格・性・環境などに応じた使命、すなわち〝道〟があります。私たちも自分の人生を、自分の足で歩みたいものです。

No. 13

私は自分の栄光を求めていない。

ヨハネ5・41（ヨハネ8・50）

貧しい青少年のために自分をささげたドン・ボスコ*は「人が私について話すことに、何の意味があるだろうか。私は神の前にある私以上の者ではないし、それ以下の者でも決してない」と言っていました。この世において本当に意味のあることを成しとげようとする人は、自分が周りからどう思われるか、ということを乗り越えているように思います。人からの栄光を求めるのではなく、永遠の神からどう評価されるかを考える。これがイエスや彼に続く聖人たちの生き方といえます。

＊聖人。サレジオ会創立者。「ドン」はイタリア語で「神父」の意味。

No. 14

だれでも、
天の父の願いを行う人が、
私の兄弟、姉妹、母なのです。

マタイ12・50／マルコ3・35／ルカ8・21

家族は人間社会の基礎であり大切なものですが、自分の家族や血縁だけを重視すると狭い身内意識に閉じこもってしまい、そうでない人を仲間はずれにしてしまいかねません。自分を中心として近いか遠いかで測る人間関係を超えて、イエスは天の父を中心とした人間関係の大切さを教えています。私たちは同じ父である神から生まれたものとして、みんな兄弟姉妹・また家族だからです。その中でもイエスにいちばん近い者はだれかというと、天の父である神の願いを行う人ということになります。

No. 15

私は死ぬばかりに悲しい。

マタイ26・38／マルコ14・34

なぜ悲しみがあるのでしょう。私たちは生活の中にあるさまざまな悲しみに押し潰《つぶ》されそうになります。死を前にして祈るイエスも、「死ぬばかりに悲しい」と言うのです。自分のメッセージが人びとに伝わらず、弟子たちからも裏切られるという状況を心の底から悲しんだのです。そのような状況にあってもイエスの祈りは続きます。それは神への信頼であり、神におまかせする態度でもあります。私たちも悲しみの中にあって祈る時、その悲しみそのものを知っているイエスが共にいてくれること、私たちを支えてくれる方であることを知るでしょう。

No. 16

父よ、
あなたの願いにかなうならば、
この杯《さかずき》を
私から遠ざけてください。

マタイ26・39／マルコ14・36／ルカ22・42

イエスにとっても、やはりつらいことはつらい、恐ろしいことは恐ろしいのでした。十字架での死を前にして、イエスの心はおののきます。そして神に向かってこう祈ったのです。杯とは十字架での死のシンボルです。しかし、そこでイエスが私たちと違うのは、あくまで「神の願いにかなうならば」と言えることでしょう。あくまでも自分の願いではなく、父である神の願いを実行しようとするところに、イエスのひたむきさ、純粋さを感じることができます。

No. 17

エリ、エリ、レマ、サバクタニ。
(わが神、わが神、
どうして私をお見捨てになったのですか)

マタイ27・46/マルコ15・34

「なんだ。結局、イエスも絶望したのか」と思われる言葉です。しかし、これは旧約聖書の詩編*22の初めの言葉で、その詩編の最後には神への賛美と信頼が語られています。イエスは究極の苦しみの中で葛藤《かっとう》しながらも、この詩編を思い起こして唱え、最後まで父なる神への信頼を失いませんでした。もう一つ注目すべきことは、イエスのこの最後の叫びが、神に向けられているということです。自分に閉じこもった独白や吐き捨てた言葉でもなく、神に向けられた究極の祈りなのです。

*旧約聖書に含まれる、古代イスラエルの150の宗教詩や祈りや賛美。

No. 18

渇《かわ》く。

ヨハネ19・28

イエスが人生の最後に言った言葉の一つです。十字架の上で苦しみながら、肉体的にものすごく喉が渇いていた、ということもあるでしょうが、それは彼の心の叫びでもあったのかもしれません。愛の足りないこの世界に対して、彼は「渇いていた」のです。マザー・テレサ*がこのイエスの言葉に心を深く揺さぶられ、スラム街で貧しい人に仕えるようになったことは有名な話です。この世界の中でイエスの渇きを癒《いや》そうと、マザーは立ち上がったのでした。

*インドのスラム街で最も貧しい人のために働く。神の愛の宣教者会創立者。カトリックの福者。

No. 19

成しとげられた。

ヨハネ19・30

ヨハネによる福音書によると、これがイエスの生涯最後の言葉です。自分の人生の最後に「すべてが完成した」と確信をもって死んでいける人がどれくらいいるでしょうか。イエスは人生に悔いがなかったのでしょう。自分がやるべきことはすべてやり尽くしたからです。私たちとの大きな違いは、まずイエスが「自分のやるべきことが何か」わかっていた、ということと、それを「果たし尽くした」という実感があったということです。人生の最後に悔いが残らないように、冷静に自分を見つめ、一瞬一瞬を大切に、心を込めて自分の使命を果たしながら生きていきたいですね。

No. 20

私たちの間《ま》違《ちが》いをゆるしてください。
私たちも相手の間違いをゆるします。

マタイ6・12／ルカ11・4

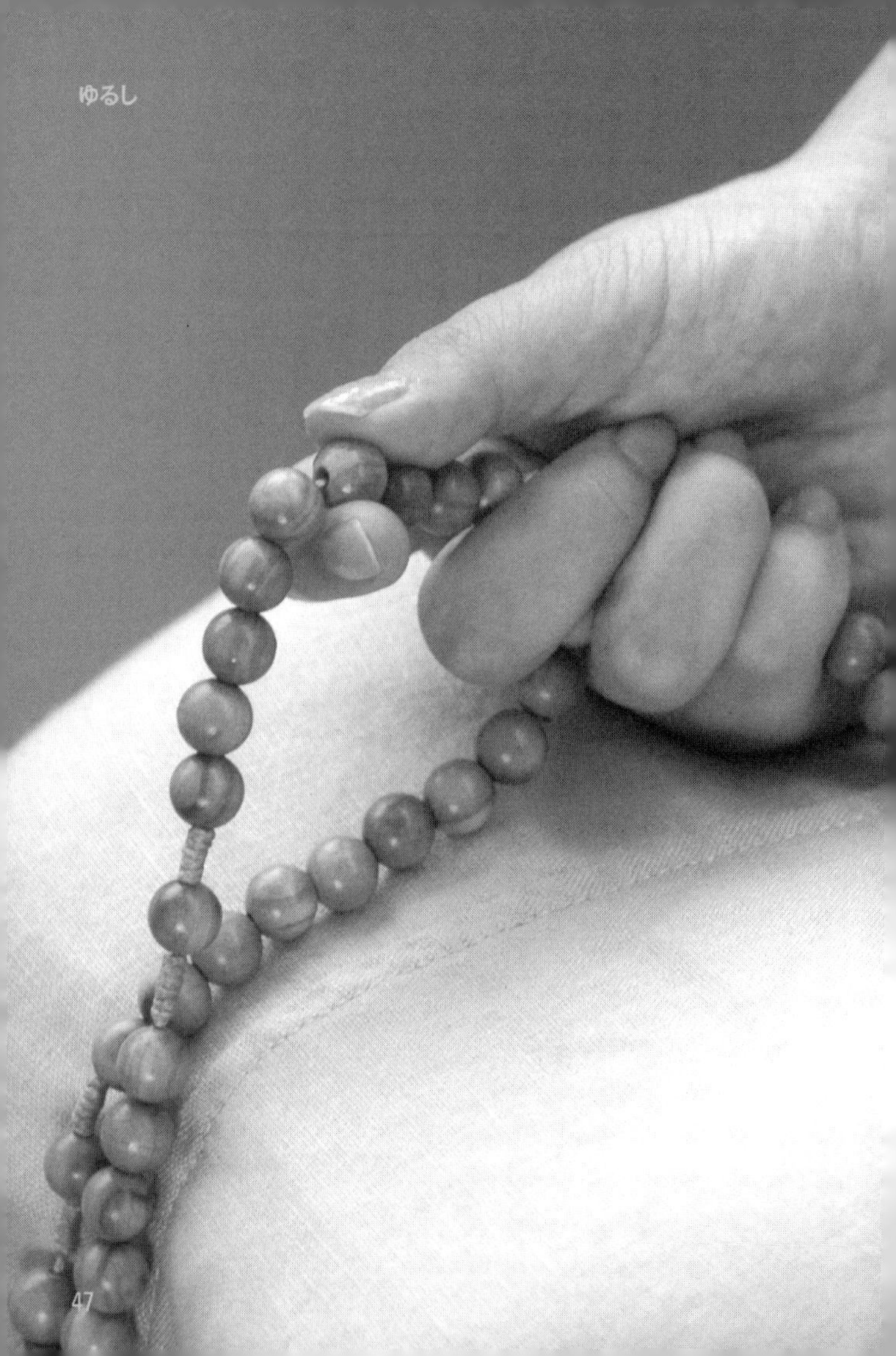

No. 21

あなたたちの中で
罪《つみ》を犯《おか》したことのない者が、
まず、この人に石を投げなさい。

ヨハネ8・7

罪を犯した女性を人びとは追い詰めます。彼らの法律によると、この女性は石殺しの刑にあたると。その中で響くイエスのこの言葉は、「人は人を裁くことはできない」ということを私たちに伝えているように思います。反対に私たちにできることは、今その人を責めている自分も、立場が変われば責められるほうになり得るという自覚をもって、お互いにゆるし合うことだけだということです。イエスの言葉を聞いて、年長者からその場を立ち去って行きました。人には皆ゆるす心が備わっているということ、神はその心を私たちに与えてくださっているということです。

No. 22

七回どころか、
七の七十倍まで人をゆるしなさい。

マタイ18・22

これは「何回他人をゆるしたらいいのですか？」という弟子の質問に対するイエスの答えです。文字通りに理解すれば、7×70＝490回ゆるせば終わりだと考えてしまうかもしれません。しかし、聖書の世界では7は完全を表す特別な数字です。だから、ここでは「限りなくゆるしなさい」という意味になります。ゆるすとは、愛することにつながります。そして幸せや平和をもたらします。イエスは生涯をかけて、「ゆるすこと」を人びとに教えました。

No. 23

父よ、彼《かれ》らをおゆるしください。
自分が何をしているのか知らないのです。

ルカ23・34

人間にとって死ぬ直前の言葉は、より重い意味のあるものです。イエスの十字架上での言葉は、四つの福音書の中で七つあります。長い苦しみの中で十字架上から発せられたイエスの言葉は、ある意味でイエスの本心が最も表れているといえます。そしてその中の二つが「ゆるしの言葉」です。この言葉は、自分を処刑している人をかばって、父である神にゆるしを願ったイエスのはかりしれない愛に満ちています。人生の最後まで、ゆるしを大切に生きた、そこにイエスの本質が感じられます。

No. 24

あなたは今日、
私と一緒《いっしょ》に楽園にいる。

ルカ23・43

この言葉は、イエスの隣で十字架につけられた犯罪人が自分のこれまでの行いを反省して言った言葉「イエスよ、天の国に行かれる時には、私を思い出してください」に対する、イエスの答えです。人生の最後に、これまでの悪行を深く悔いた男に対して、イエスは惜しみないゆるしの言葉を与えました。「反省するなら、これこれをしなさい」などと条件はつけず、彼はただゆるしました。しかも、まったく悪を働かず、人びとのために苦しんで命をささげた自分と同じ「楽園」に「今日」共にいるとまで言うのです。これがイエスのゆるしであり、神のゆるしなのです。

No. 25

君たちは地の塩、世界の光。

マタイ5・13—14

塩はミネラル分として体に必要ですし、また食べ物の味付けをし、腐るのを防ぐなどの働きがあります。光は周囲を照らし明るくします。そのように私たち一人ひとりもこの世に味を付け、世界を照らしていく存在なのです。私たちは生まれた瞬間から、この「地」で、そしてこの「世界」でその使命を果たすよう神から望まれているのです。注目したいのは、イエスは塩や光に「なれ」とは言っていません。そう、もうすでに私たちはこの世の塩や光、つまり神の子どもなのですね！

No. 26

求めなさい、
そうすれば与《あた》えられる。

マタイ7・7／ルカ11・9

私たちはいつも自分が必要と思うことを願って祈ります。健康でありますように、○○が手に入るように、嫌な思いをしませんように……。しかし、実際には必ずしもそれが与えられるわけではありません。イエスの言葉はウソなのでしょうか。違います。そのあとでこういう言葉が続きます。「天の父は、求める者に良い物をくださるにちがいない」。与えられなかったと思っても、あとで気づけば与えられていたり、願ったものが手に入らないほうが本当はよかった、ということにあとで気づくこともあるでしょう。神は真剣に求めるならば必ず私たちにとって最高の物を与えてくれるのです。

No. 27

人に「ばか」と言う人は、
火の地獄《じごく》に投げ込《こ》まれる。

マタイ5・22

「世界は人と人のつながりでできている」ということを教えてくれるメッセージです。聖書の世界では仲間のことを兄弟と表現します。「人類皆兄弟」という言葉もありますが、神の前では、大切ではない人などだれ一人としてなく、自分の兄弟に「ばか」ということは、自分を傷つけていることと同じです。イエスが十字架の上で命をささげたのは、神がどんな人間のことも大切に思っているというしるしです。もし私たちがほかの人に「ばか」というならば、その神をも侮辱《ぶじょく》することになってしまうのです。

No. 28

あなたが右の頰《ほほ》をぶたれるなら、
左の頰をも向けなさい。

マタイ5・39／ルカ6・29

やられたらやり返す。確かに、そのように仕返しをすることによって、やられたことの屈辱的な思いや恨みを晴らし、すっきりすることができるかもしれません。でも、屈辱や恨みを晴らせた喜びは真の喜びにはならず、私たちが心の奥底で欲している「平和」はそこにはありません。私たちの心が求めているのは、仕返しではなく、心の平和、喜びのはずです。大きな喜びを味わいたいのであれば、もっと心を広くしなければなりません。

No. 29

人の口は、
心からあふれ出ることを語るのだ。

マタイ12・34／ルカ6・45

私たちは鏡の前に立って自分の姿を見ることがあります。そこに映し出される自分の表情は、自分の内面から出てくるものを映し出しているのではないでしょうか。よい時も、そうでない時もありのままに。生活の中では言葉を使ってほかの人との会話、やり取りが交わされます。言葉も鏡のように、自分自身を映し出します。心から出てくるものが、その人となりをつくりあげるのです。普段はごまかせても、ふとした時に自分の内面が明るみに出ます。心からよいものがあふれ出る生き方となりますように。

No. 30

目は体のともしび。

マタイ6・22／ルカ11・34

No. 31

狭《せま》い門から入りなさい。

マタイ7・13／ルカ13・24

「簡単に手に入るものは、すぐ失う（Easy come, easy go）」ということわざがあります。本当に価値のあるものは、苦労して手に入るのですね。野球のイチロー選手は「もがき苦しむからこそ、見えてくる結果がある」と言っています。イエスが差し出すものも、手軽に手に入るものではないということです。全力で勝ち取りにいく値打ちがあるものなのだと。だから狭い門から入ってきなさい、その先には必ず大きな幸せが待っていますよ、という励ましの言葉です。

No. 32

蛇《へび》のように賢《かしこ》く、
鳩《はと》のように素直《すなお》になりなさい。

マタイ10・16

聖書の言葉を読んだ時、「神さまのお考えになることとは、こういうことなんだなぁ～」と、まずは素直に受け入れることが大切です。でも、そのメッセージを複雑な現実の世界にふさわしく応用していくためには、「賢明さ」「巧妙《こうみょう》さ」も必要になってきます。「どうやったら今この言葉を生きられるだろうか」と。それは人をだますとか、そういうことではありません。知恵をもって、難しい状況を生き抜いていく力です。二つの正反対の要素をそのときどきの必要に応じて、柔軟《じゅうなん》に用いていくことが求められています。

No. 33

ただで受けたのだから、
ただで与《あた》えなさい。

マタイ10・8

命、両親、才能、生まれた国、私たちが自分の力で手に入れたものはどれくらいあるのでしょうか。神が寛大に私たちに与えてくださったと気がつく時、私たちも寛大になることができます。しかし、ただで受けてただで与えれば損はしていないはずなのに、何だか損をしている気分になるのはどうしてなのでしょう？　マザー・テレサは言いました。「与えなさい。あなたの心が痛むほどに。」イエスは寛大でした。人びとが神の愛を知ることができるように、自分の時間、人生を与えました。最後には十字架の上で自分の命すべてを与え尽くしたのです。

No. 34

剣《つるぎ》を取るものは、剣で滅《ほろ》びる。

マタイ26・52

相手を力でねじ伏せても、いつまでも強いままではいられず、さらに強い者によってねじ伏せられる。この繰り返しが人間の歴史です。剣とは結局相手をねじ伏せる暴力です。暴力は復讐《ふくしゅう》の暴力を生んで連鎖的に続いてしまいます。イエスは自分を暴力的に逮捕しに来た人たちにも抵抗せず、非暴力を貫きます。イエスが教えてきたことは人を大切にすること、愛することです。イエスは暴力の連鎖を断ち切ってゆるすことを教え、愛の連鎖が続いていくことを願っているのです。

No. 35

うわべだけで人を判断するのをやめなさい。

ヨハネ7・24

私たちはほかの人を見る時に、しばしば外見や人のうわさや学歴など、うわべだけの情報で判断してしまいがちです。さらに偏見や先入観なども加わって、自分の都合のよいように考えてしまうのですから、きちんと人を判断することは非常に難しいことです。そんな私たちの弱さを指摘するイエスの言葉です。イエスは周りの人から「悪霊につかれている」とか「神を冒涜《ぼうとく》している」などと言われ、最後には死刑にされてしまいました。私たちの勝手な判断で苦しんでいる人が自分の周りにいないか、少し考えてみませんか。

No. 36

真理はあなたを自由にする。

ヨハネ8・32

自由とは何でしょうか？　だれかや何かに縛《しば》られることのない状態、好き勝手にやりたい放題ということが本当の自由だとしたら、私たちはやがてその状態にも満足できなくなるでしょう。それはルールのないスポーツのようなものです。本当の自由は真理によって得られるものだとイエスは言います。損か得か、きついか楽か、無駄か効率的か、といった人間的な判断の基準を超えた「ホンモノ」に出会った時、縛りがあったとしても心の自由をもつことができるということです。そして本当の自由があるところには、本当の喜びがあるのです。

No. 37

私が去って行くのは、
あなたたちのためになる。

ヨハネ16・7

青少年の友と呼ばれるドン・ボスコは、よくこう言っていました。「絶対的に必要な人などどこにもいないのです」と。自分が絶対にこの世界、この場所に必要だ、などと思うのは大きな勘違いだ、と。逆に、「この人がいないと自分（たち）はダメだ」と思うことも間違いなのです。だれかに頼りきりになってはいけません。弟子たちもイエスのことを人間的な意味で頼りにしすぎていたのでしょう。そんな彼らにイエスはこう言ったのです。でもそれは彼らを見捨てるということではなく、目には見えない別の形で必ずそばにいますよ、ということだったのです。

No. 38

正しいことを私が言ったのなら、
なぜ私を打つのか。

ヨハネ18・23

「右の頬を打たれたら、左の頬も向けなさい」と言ったイエスですが、ここでは対応が違います。確かに、悪人に逆らわず、侮《ぶ》辱《じょく》を耐え忍ぶ必要がある時もあるでしょう。しかし、必要な時にはしっかりと自分の尊厳を主張することも大切なのです。神が与えてくれた命に対して、あまりにも不正なことがある時、立ち上がるべきです。ダメなことはダメ、できないことはできないとしっかりと言う、これもまた大事なことです。私たちが必要な時に正しい行動がとれますように。

No. 39

聞くだけで行わない人は、
土台なしで家を建てる人のようだ。

ルカ6・49/マタイ7・26

ある新聞に掲載された一コママンガに、「貧しい国で飢《う》えて死んでいる子どもたちの映像を見て、涙を流しながら、豪華《ごうか》な部屋でソファに座っている婦人」というものがありました。私たちはいくらよい話を聞いて感動しても、自分の行動や生活が変わらなければ、意味がありません。福音書に描かれているイエスの言葉やその行いも、私たちが人として「どのように生きていくことが大切か?」、「何をなすべきか?」ということを、具体的に示してくれています。それを実行するならば、皆が幸せになれる、という教えです。だからそれを実行しないならば、何の意味もないのです。

No. 40

心の清らかな人は、幸せ。その人は神を見る。

マタイ5・8

SKATIN

No. 41

心の貧しい人は、幸せ。

マタイ5・3／ルカ6・20

一般的に「心が貧しい」とは、ケチだったり、心が狭かったりする人のことを言います。しかし、イエスが言っている「心の貧しい人」とは、神との関係において自分が貧しいと自覚している人のことです。自分が存在として貧しくて、神の存在がなければ生きていけないのだ、と理解している人のことです。そのような人は、まず感謝を知っています。自分がもっているすべてのよいもの（命・健康・才能・性格・家族・友達など）が、神の贈り物だということを知っているからです。すべてに感謝し、おごり高ぶらずに生きられる人は幸いです。

No. 42

悲しむ人は、幸せ。

マタイ5・4／ルカ6・21

悲しめば幸せになれるということではありません。悲しむこと自体が幸せなわけでもありません。人は希望を見失う時には悲しむものです。そんな希望を見失って悲しむ人に希望を与えるイエスの言葉です。このイエスの言葉は、悲しむ人にも必ずまた喜びが訪れることを思い出させてくれます。この言葉に耳を傾け、心に留《と》めるならば、闇に光がともされて明るくなるように、悲しみのうちにも喜びを見いだしていけるようになるでしょう。悲しみの闇の中で死んでいた心がよみがえり、生きる力がまた与えられるのです。

No. 43

心《こころ》優《やさ》しく、謙《けん》遜《そん》な人は、幸せ。

マタイ5・5

柔道《じゅうどう》などの武道において、激しい戦いの後、勝ったほうも負けたほうも深く礼をして頭を下げます。場合によって、勝ったほうがより頭を深く下げている場面が見られます。人間は、武道においてのみならず、どんな分野においても、高みに達すれば達するほど、頭を下げることを知るようです。そしてその態度と心によって、より人びとの信頼と尊敬を得ていきます。イエスが教えていることもまさにそういうことです。いつも穏やかで人当たりがよく、人に頭を下げる謙遜な心をもつ人（「柔和な人」とも言われます）は、この地上でも天においても、皆から愛されていくことでしょう。

No. 44

平和を実現する人は、幸せ。

マタイ5・9

しあわせ

No. 45

宴会《えんかい》を開く時には、
貧しい人を招きなさい。
彼《かれ》らはお返しできないから、
あなたは幸せ。

ルカ14・13—14

電車の中で私の前に座っていた二人の白髪男性たちがしていた会話……「人間関係をよくするためには、どうすればいいと思う?」「そりゃもちろん、GIVE & TAKE（与えることともらうこと）は基本でしょう!」「ダメダメ、そんなことじゃ人間関係なんていっこうによくなるはずがないよ!」「それじゃ、どうするんだい?」「与えて、与えて、与えて、与えて、与えていかない限り、人間関係なんて絶対によくなんてならない!」と……。見返りを期待して行う愛徳の業《わざ》など、しょせんは虚《むな》しいものなのかもしれません。イエスはそのより大きな幸せに招いているということかもしれません。

No. 46

情け深い人は、幸せ。

マタイ5・7

マザー・テレサの言葉に「私は不親切で冷淡でありながら奇跡を行うよりは、親切と慈《いつく》しみのうちに間違うほうを選びたい」というものがあります。神が人間を造られた時、「自分に似せて」造られたとあります。*ですから、私たちが幸せになるためには、神が幸せになるのと同じ方法をとるのがいちばんということになります。それは愛すること、すなわち慈しむことです。私たちも、幸せを得るためには、「裁く」のではなく、「慈しむこと」。この温かさを世界中の人がもつならば、世界はまったく違ったものになるでしょう。

＊創世記1・26参照

正しいことのために
苦しみを受ける人は、
幸せ。

マタイ5・10／ルカ6・22

正しいことを貫き通すのが難しいと感じたことはありませんか？　良くないとわかっていても妥協《だきょう》してしまったことはありませんか？　苦しみは逃れたとしても、幸せとはほど遠い思いに襲われたことはありませんか？　たとえ苦しくても正しいことを貫き通すほうがきっと本当は幸せなのです。そうだとわかっていても、私たちがつい目を背けたくなるような真実を、イエスはストレートに伝えています。その生き方は愚直《ぐちょく》といってもよいものでした。変化球はナシ。直球勝負！

No. 48

忍耐し続けなさい。
最後にはきっと幸せが得られる。

マタイ24・13／マルコ13・13／ルカ21・19

No. 49

見ないで信じる人は、幸せ。

ヨハネ20・29

「私は神を見ました。」こんなことを目の前で言われたらどうでしょうか？「この人は何を言っているのだろうか、大丈夫だろうか」などと思ってしまうことでしょう。科学や技術が発展し、多くの人が実証されて目に見えるものだけを頼りしている現代にあって「イエスの復活」は信じがたい出来事です。ですが、この世でいちばん大切なことは目に見えないことが多いのです。たとえば「親の愛」は見えることでしょうか。それは見えなくても信じられることですね。きっとそういった、目に見えないことを大切にし、信じられること自体が幸せなのです。

No. 50

受けるよりも与《あた》えるほうが幸せ。

使徒言行録20・35

ボランティア体験をしたことがありますか？　ボランティアは一見、自分がほかの人を助ける行いのようですが、実際に体験してみると、結局自分が豊かにされ、与えられていることに気づくことがしばしばあります。そしてその結果、もっと幸せになれるのです。人間は自分が与えられようとしている時は、決して幸せになれないのかもしれません。イエスもまさに、十字架の上で自分の命を人びとに与えるほど、「与えられるためではなく、与えるために」生まれ、その生き方を教えてくれた人でした。

No. 51

父よ、あなたはこの大事なことを
知識のある人には隠《かく》して、
幼子《おさなご》のような人に示してくれました。

マタイ11・25／ルカ10・21

幼い子どもをつれてきて祝福を願ったお母さんたちの頼みを聞き入れ、イエスは子どもたちを抱きあげ一人ひとりを祝福されました。イエスは子どもが好きでした。なぜでしょうか？　それは、子どもは理屈ではなく、その瞳をとおしてイエスにありったけの信頼を見せたからです。人間はだれでも信頼を寄せられると、なんとかしてその信頼に応《こた》えようと努力します。神は「天におられるお父さん」であり、私たちの信頼に満ちた瞳を見る時、神の心は喜びに満たされ、一生懸命、私たちにとって必要なこと、大切なことを教え導いてくれるのです。イエスはそのことに感謝しています。

No. 52

子どものようにならなければ、
天の国に入ることはできない。

マタイ18・3

だれがいちばん偉《えら》いのかという弟子たちの疑問を受けて、イエスは幼子《おさなご》を呼び寄せて弟子たちの真ん中に立たせます。「こっちにおいで。」「ようし、いい子だ。」イエスのそんな言葉が聞こえてきそうです。子どもはバツが悪かったでしょう。大勢の大人に囲まれて、自分は何も知らないし、何もできないし……。しかし、それでいいのですね。何もわからず、無力な自分を受け入れること、それが天の国へのパスポートだと言うのです。大人になって、「自分はほかの人よりも優《すぐ》れている」などと思い始める時に、神の国はだんだん遠くに行ってしまっているということです。

No. 53

子どもたちを
私のところに来《こ》させなさい。

マタイ19・14／マルコ10・14／ルカ18・16

幼稚園や小学校の子どもたちと接すると、「この子たちは理屈抜きに、肌で神さまのことを感じている！」という実感があります。大人になると、頭や理屈で物事を理解していこうとしますが、子どもたちは「神さまは、みんながこんなことをしてくれたら、とってもうれしいんだ」と教えると、すぐに〝神さまのために〟そのことを実行します。先生から「○○ちゃんは、こんなことして、神さまは喜ぶかな……」と叱《しか》られると、泣きながら首を振ります。自分の内に神のことを感じながら、神の存在を秘めている子どもたちのことを、イエスは大好きなのです。

No. 54

小さな人びとを
一人でも軽んじないように
気をつけなさい。

マタイ18・10

No. 55

家を建てる人の捨てた石、
これが最も大切な石になった。

マタイ21・42／マルコ12・10／ルカ20・17

「マネーボール」という映画がありました。メジャーリーグの貧乏球団、アスレチックスが独自の手法を使って成績上位チームの常連になっていく過程を描いた、実話に基づいた映画です。この球団では、他球団で「欠陥品《けっかんひん》」や「傷物《きずもの》」とされた選手と契約しました。評価の基準がまったく新しいものだったのです。実際、彼らはよい結果を出しました。同様に、人間の世界と神の世界とでは、人に対する評価の基準も異なります。人間の世界ではダメだとされた者が、神の世界では大切な存在とされることがあるのです。十字架上で死んだイエスは、まさにその代表でした。

No. 56

この貧しい女性は、
だれよりもたくさんいれた。

マルコ12・43／ルカ21・3

神殿の賽銭箱《さいせんばこ》に、お金持ちたちがたくさんのお金をさも見せつけるように入れています。けれど、一人の貧しいやもめ（夫に先立たれた女性）が小銭《こぜに》を入れました。それを見たイエスが語った言葉です。イエスは付け加えます。「皆は有り余る中から入れたが、この人は、乏しい中から自分の持っている物をすべて、生活費を全部入れたからである」。幼いイエスの聖テレジア*という聖人がこう言っています。「神は、私たちの行いの大きさや難しさを見るわけではなく、その中に込められた愛の大きさを見ておられます。」神は心の中を見る方なのですね。

＊聖人。幼子のような「小さな道」を歩むことで神への愛を表現した。

No. 57

百匹《ひゃっぴき》の羊のうち、
一匹が迷ったなら、
私はその一匹を探しに行く。

マタイ18・12／ルカ15・4

もちろんこれは99匹がどうでもいいということではありません。自分が迷っていない99匹の中の1匹としてではなく、迷った1匹として聞く時この言葉は響きます。神は私たち一人ひとりを大切にして関わる方なのだ、とイエスは言うのです。一人ひとりは神にとってかけがえのない価値あるものだから、神は私たちを一人も失いたくないのだ、と。だから、神は見つかるのをただ待つのではなく、自分から積極的に探しに行くのですね。

No. 58

私の兄弟である
この最も小さな者にしたことは、
私にしたことなのです。

マタイ25・40

以前、お世話になったある人の葬儀に出席しました。その方は生前特別なことをした人ではありませんでした。しかし、多くの参列者が一様に涙を流して別れを惜しんだのは、「こんな時に励ましてくれた」「あんな時にそばにいてくれた」という日常のいろいろな思い出が浮かんできたからでした。人に対する毎日の小さな心遣《こころづか》いこそが、神の望んでおられることなのです。その方はきっと天国で神と共に過ごしていることでしょう。神の前では私たちは小さな存在ですが、同時にかけがえのない存在でもあり、小さな愛の行いが大きな意味をもつのです。

No. 59

周りの人びとを自分のように愛しなさい。

マタイ22・39／マルコ12・31／ルカ10・27

イエスは、最も大切な掟《おきて》は神と人びとを愛することだと言います。日本に来た最初の宣教師たちはこの「愛」にあたる言葉を「ご大切」という日本語に訳しました。愛するとは大切にすることにほかなりません。この言葉の前提には自分自身を愛するということがあります。自分自身を大切にすることが、周りの人を大切にすること、愛することにつながっていきます。自分自身を愛するとはナルシスト的な意味で言うのではありません。神から創られた存在である自分自身の価値や尊さに気づくことです。そして周りの人も同じだと気づくことです。

No. 60

自分がしてもらいたいと思うことは
何でも、ほかの人にしなさい。

マタイ7・12／ルカ6・31

私たちはつい自分の満足を求めて自己中心的に生きてしまいがちです。自分の思い通りになることを望み、ほかの人に対してもそうしてくれることを、気づかないうちに要求してしまっていることが多々あるものです。ほかの人にしてもらいたいことを、たくさんもっている私たちですが、ほかの人に奉仕して生きる方向へと向けさせようとしているのがこの言葉です。自分の楽しみや幸せを忘れて人に奉仕し、自分がしてもらいたいように人を喜ばせて幸せにする時、おのずと自分も楽しみ、幸せになっていることに気づくことでしょう。

No. 61

SI TOUS
LES GARS
DU
MONDE
VOULAIENT
SE DONNER
LA
MAIN...
SE TUT
I POPOL
DEL
MONDO
VOLESSER
DARSI
LA
MANO...
CHRIST
PREMIER
DE CORDEE

自分の嫌《きら》いな人を愛し、
自分に悪いことをする人のために
祈《いの》りなさい。

マタイ5・44／ルカ6・27—28

No. 62

多くゆるされた者は、
多く愛する。

ルカ7・47

ゆるされるということは、愛されているということ。そして、愛されている人は、やがて、愛する人になっていくものです。神のお望みは人が幸せになることですが、ではいったい、人の幸せとは何でしょう？　それは、愛されることではなくて、人を愛するようになることです。だから神はあなたをこの上なく愛され、ゆるしを与えることで、あなたを愛する人へと変えていきたいのです。まずは、自分がどれだけゆるされているか、どれだけ自分の弱さを受け入れてもらっているかに気づくことから始めてみましょう。

No. 63

新しい掟《おきて》を与《あた》えます。
私が愛したように
互《たが》いに愛し合いなさい。

ヨハネ13・34（ヨハネ15・12）

何が新しいのでしょう。互いに愛し合うことがそこまで新しいこととも思えません。新しいのはイエスという人の存在でした。「イエスが愛したように」。では、イエスはどのように愛したのでしょう。自分のエゴを満たすためではなく、どんな人でもその人の幸せを願って愛したのです。子どもは親の愛を知って、愛することを学びます。同じように弟子たちはイエスの愛を体験して、愛することを学んだのです。自分の友達だけではなく、気の合わない人同士でも大切にし合う姿、これがイエスの求めた生き方なのです。

No. 64

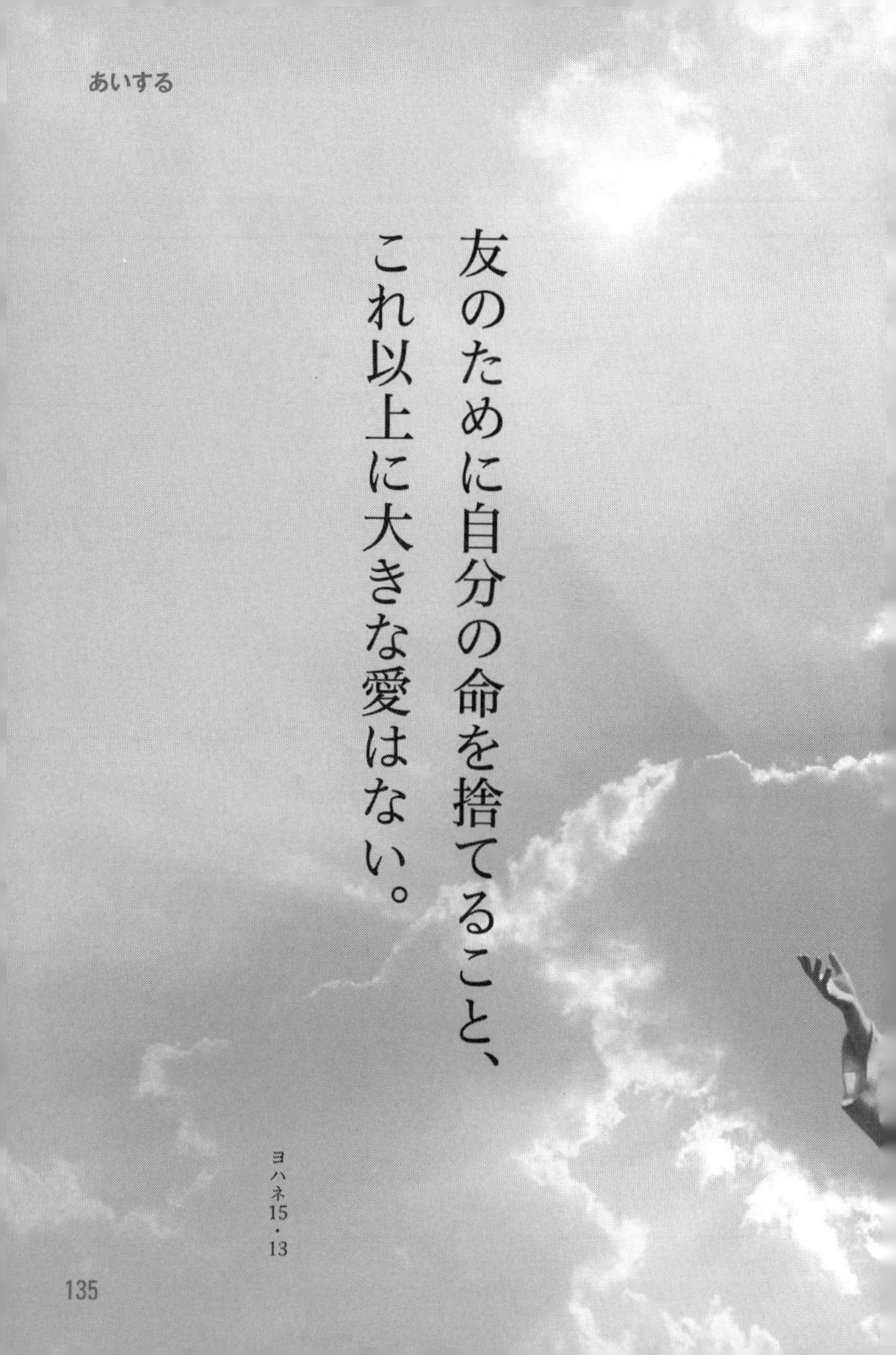

友のために自分の命を捨てること、
これ以上に大きな愛はない。

ヨハネ15・13

No. 65

まず自分の目から
丸太を取り除きなさい。

マタイ7・5／ルカ6・42

ほかの人のシャツの襟《えり》を直してあげようとしたら、自分のTシャツが裏返しだったことがあります（笑）。私たちは、他人についてはすぐに欠点を発見できますが、自分についてはなかなか悪いところを見ることができないようです。そんな私たちについて、イエスはこの言葉を言うのです。「仲間の目から、ほんの小さな屑《くず》を取り去りたいなら、まず自分の目の中の大きな障害物を取り去りなさい」ということです。あなたは自分の目の中の丸太に気づいていますか？

No. 66

いちばん上になりたい人は、
皆《みんな》の世話をする人になりなさい。

マタイ20・27／マルコ10・44／ルカ22・26

イエスの教えは、それまでの一般の価値観をひっくり返す部分がありました。普通の考えでは、偉《えら》い人は下の人から奉仕されるのが当然です。日本でも後輩が先輩のためにいろいろな雑用をするのが当然というような風潮《ふうちょう》があるかもしれません。イエスはそこであえて逆のことを言うのです。「神の前では、本当に偉い人というのは、ほかの人に仕える人なのだ」と。実際、歴史をふりかえる時に、本当に偉大な人物というのはどこかしらそういった謙《けん》遜《そん》で、ほかの人に対する奉仕の精神をもっている人なのではないでしょうか。

No. 67

先生である私が
あなたたちの足を洗ったのだから、
あなたたちも
互《たが》いに足を洗い合いなさい。

ヨハネ13・14

「足を洗う」ということは、当時の世界では奴隷《どれい》が主人に対してすることでした。イエスはあえて自らそれを弟子たちにします。先生が弟子たちの足を洗う。そのことをとおして、腰を低くして相手のために尽くすことの模範を示しました。そしてそれを「お互いに」するように言うのです。日本語には「お互いさま」という素敵な言葉があります。私たちが「お互いさま」の気持ちでイエスの心を実行できたら、きっと私たちの周りには心からの笑顔がたくさんあふれるでしょう。

No. 68

ほめられようとして、
人の前でよいことをしないように
注意しなさい。

マタイ6・1

けんそん

No. 69

小さなことに忠実なものは、
大きなことにも忠実です。

ルカ16・10

何に対しても忠実であることに、大小の差、多少の差は関係ないのです。マザー・テレサはこう言います。「大切なのは、どれだけ大きなことをするかではなく、小さなことにどれだけ大きな愛を込めるかです。」忠実である、ということは、ただきっちりやるということ以上に、どれだけその小さなことにも愛を込められるか、ということにもなるでしょう。神の前では、物事の大きさや小ささが重要なのではなく、どんなことにでも「どれだけ心を込めて」取り組んだか、ということが肝心なのです。今、自分の目の前にあることを大切にしていきましょう。

No. 70

自分に命じられたことをやりとげたら、
「私はしなければならないことを
しただけです」
と言いなさい。

ルカ17・10

謙遜《けんそん》を身につけることは簡単なことではありません。私たちの心にはどこかに自分を少しでもよく見せたいという思いがひそんでいるものです。謙遜を意識しすぎるあまり、かどに謙虚であるようにふるまってしまっては、逆にひくつな感じがしてしまいます。真の謙遜とはさりげなく表れるものです。周りからどう思われようと、評価されようと、されまいと、自分自身のやるべきことをさらりとやる人は、やはりカッコいいですよね。

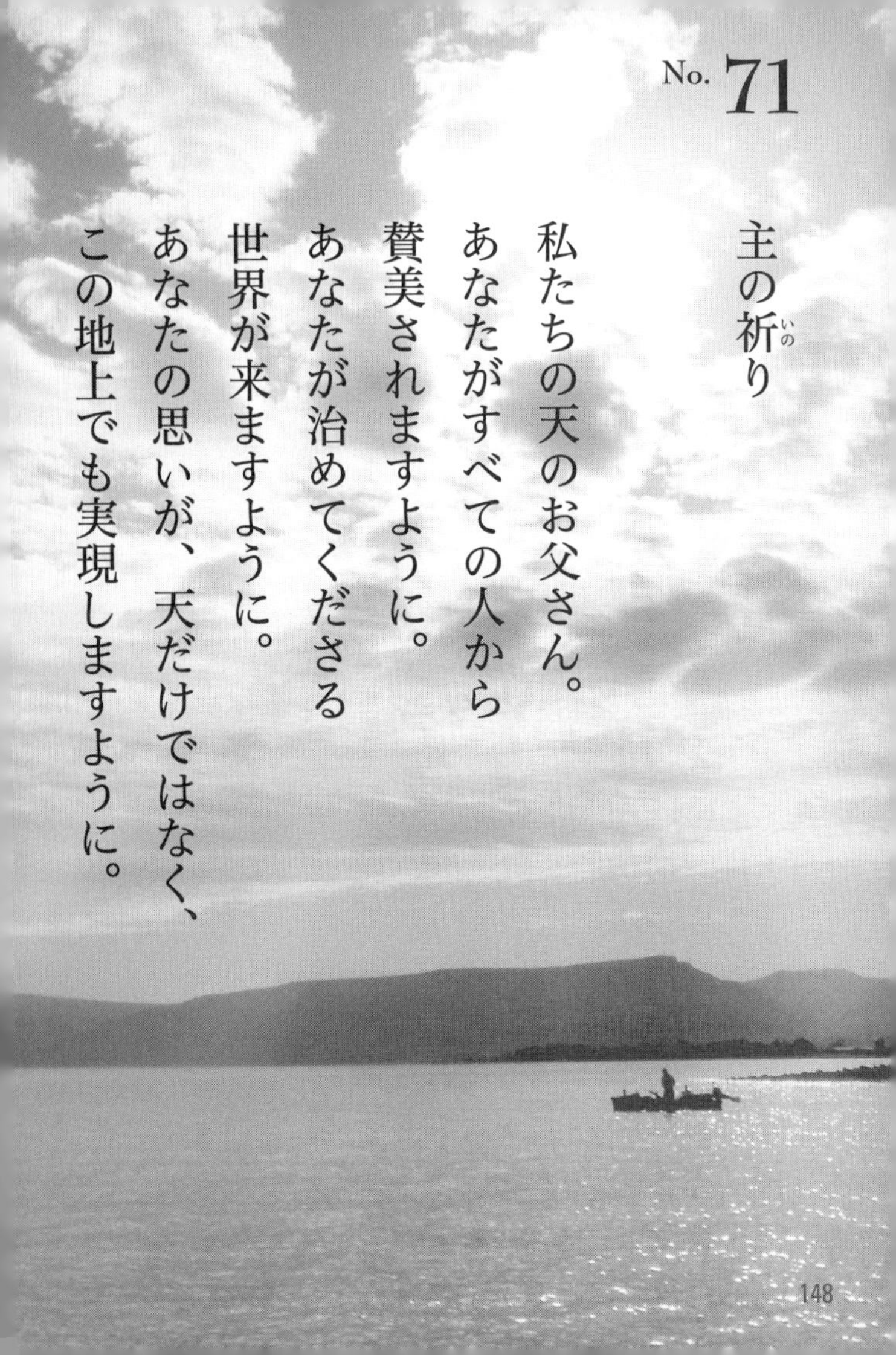

No. 71

主の祈《いの》り

私たちの天のお父さん。
あなたがすべての人から
賛美されますように。
あなたが治めてくださる
世界が来ますように。
あなたの思いが、天だけではなく、
この地上でも実現しますように。

生きるために必要な糧《かて》を、
今日私たちに与《あた》えてください。
私たちの間違《まちが》いをゆるしてください。
私たちも相手の間違いをゆるします。
私たちが誘惑《ゆうわく》に
負けないようにしてください。
そして悪から救ってください。

マタイ6・9-13／ルカ11・2-4

これはイエスが弟子《でし》たちに教えた神への唯一《ゆいいつ》の祈りです。
人間にとってもっとも必要なすべての願いが含《ふく》まれています。

No. 72

すべての人を一つにしてください。

ヨハネ17・21

イエスは十字架にかかる前の晩に、この言葉で神に必死に祈りました。国境線をめぐる国同士の争い、原子力発電（所）や公共工事などの開発・環境問題、基地問題で二分される人びと、家庭内の不和……。私たちはずっとさまざまな形で「もめごと」を繰り返しています。「一つになること」がいかに難しいかを身をもって知らされてきたわけです。イエスにとっても「世界の人びとが一つになるように」とは痛切な願いでした。そしてこれは現代に生きる私たちが継続していかなければならない祈りなのかもしれません。いつか私たちが本当に一つになれますように。

No. 73

イエスは祈《いの》るために山へ行き、
夜を徹《てつ》して神に祈られた。

ルカ6・12

外国のサッカー選手がピッチに入る時、十字架のしるしをするのをよく見ます。どんなに優《すぐ》れた選手でも、自分の力だけでは不安なところがあるのかもしれません。イエスも大切なことを決める時には、いつも祈ってから決めていました。しかも、「夜を徹して」です。何をするにしても、神の考えと合わないことはしたくなかったのです。自分のエゴで決めても、何もうまくいかないということを知っていたのでしょう。私たちも自分の考えにとらわれそうになる時、ちょっと祈ってから心を自由にして決めていけるとよいかもしれないですね。

No. 74

どんな願い事であれ、
君たちのうち二人が
心を一つにして求めるなら、
父はそれをかなえてくださる。

マタイ18・19

私たちはだれかと共に神に向かって真剣に祈る時、自分のために何かを願い祈っているよりも、自分たちの祈りを必要としている人のため、神の恵みを必要とする他者の幸福を願って祈ることが多いかと思います。逆に自分一人で祈る時には自分勝手な願い事が多いかもしれません。ここに秘密があります。心を合わせて「共に」祈るということ。皆に共通する部分で願っていく時、その祈りはより本物で、神からよしとされる祈りなのではないでしょうか。

No. 75

天の父は、
あなたがたが願う前から、
あなたがたに必要なものを
知っておられます。

マタイ6・8

イエスは神を単純に「パパ」と呼んでいいんだよ、と教えてくれました。父親は自分の子どもが何を望んでいるかよく知っていて、子どもがまっすぐ成長できるように、何がいらないか、何を与えたらいいかと常に考えています。そのように天の父である神は、私たちの必要なものを知って配慮しているのだとイエスは言うのです。だから小さな子どもが父親に素直に単純に頼るように神に向かえばいいのだ、と。「ねえ、パパ！」。神はこう呼びかけられるのを待っているのです。

No. 76

祈《いの》る時、
だれかに対してわだかまりがあるなら、
まずゆるしてあげなさい。

マルコ11・25

イエスは、神に対して祈り求めることは大切なことだと教えていますが、ある条件をつけています。それは「ほかの人をゆるしてから」ということです。自分がほかの人をゆるさない気持ちをもっているのに、神に祈って何かを願うということは矛盾したおかしなことになってしまうのです。自分の子どもが二人いて、一人がもう一人を「絶対にゆるさない」と言いながら、「おかあさーん、〇〇ちょうだ〜い」と言ってきたらどんな気持ちになるでしょうか。神も私たちに対して同じような気持ちがあるということです。

No. 77

祈《いの》り求めることは、すべて
すでにかなえられたと信じなさい。
そうすれば、そのとおりになる。

マルコ11・24

No. 78

たとえ全世界を手に入れても、
自分の命を失ったら
何の意味があるだろうか。

マタイ16・26／マルコ8・36／ルカ9・25

今から460年ほど前、一人のヨーロッパ人が日本にたどりつき、はじめて日本の地にイエスのことを知らせました。彼の名前はフランシスコ・ザビエル。小さい領地の城主の息子として生まれたザビエルは、この世界で成功する道を求めて青年時代を過ごします。しかし、友人からイエスのこの言葉を聞いた時から、ザビエルは本当に価値のあること、意味のある生き方を考え始めました。そして、イエスのことを知らない人たちにイエスを知らせるために生きたのです。この世の命を超えて続くものを求め始めたのでした。

No. 79

地上ではなく、
天に宝を積みなさい。

マタイ6・19―20／ルカ12・33

あなたにとって、「大切なもの」「宝物」は何ですか？　イエスは、その宝物が自分の命が終わった時に意味がなくなるようなものではないですか、と問いかけます。それがたとえば「お金」であれば、いくら貯めこんでいても、「死」を迎える時には何の意味もなくなってしまいます。そうではなく、永遠に続くものを求めるように、それを宝物にするようにと言うのです。永遠に続くもの、それは何でしょうか。きっと「目に見えないけどすばらしいもの」なのではないでしょうか。

No. 80

人はパンだけで生きるのではない。

マタイ4・4／ルカ4・4

ある心理学者は「現代人は自分らしく〝ある〟ことよりも、物を〝持つ〟ことを優先させている」と批判しています。これはこのイエスの言葉に通じます。ここでのパンとは食べ物を含めた日常の物質的な必要のことですが、私たちはそれだけで、あるいはそのためだけに生きるのではありません。私たちには心があります。イエスは心を満たすのは物ではないことを教えてこう続けます。「人は神の口から出る一つひとつの言葉で生きる。」

No. 81

金持ちが天の国に入るよりも、
らくだが針《はり》の穴に入るほうが
まだ簡単です。

マタイ19・24／マルコ10・25／ルカ18・25

この言葉を文字通りの意味で受け取ったら、驚いてしまう人も多いと思います。お金持ちは天の国に入ることができない、つまり救われないということになってしまいます。ただしこの言葉の背景に注目する必要があります。よい志をもっている若者がいたけれども、たくさんの財産を持っていて、それを捨てることができなかったために、彼はイエスから離れ去ってしまったのです。自分の周りにあまりにもたくさんの目に見える物があると、本当に価値のある目に見えないものを見つけるチャンスが、失われてしまうということかもしれません。

No. 82

目を覚ましていなさい。

マルコ13・35、37／マタイ24・42

授業中に居眠りをしている生徒に対して投げかけたいイエスの言葉でしょうか（笑）。そんな冗談を使いたくなりますが、この言葉の真意はもちろん眠気を覚ますということではなく、最も大切なことのために注意深く備えなさい、いつも意識していなさいということにあります。頭も心もすっきりとして晴れやかな状態の時、大事なことに気づき受け入れることができます。一方でその逆もまたあり得るということです。大切なことが目の前にあっても気づくことができない状態に陥《おちい》らないように、いつも目を覚ましていたいものですね。

No. 83

何を食べようか、
何を飲もうか、
何を着ようかと思い悩《なや》むな。

マタイ6・25／ルカ12・22

食べることや、ファッションが大好きな人にはちょっと耳の痛い言葉ですね。でも、イエスはまったくそれを禁じているわけではありません。人生を豊かにするためには、時にはそれらのこともポジティブなことです。イエスが言っているのは、そのために「思い悩むな」ということ。それが人生でいちばん大切なことであるかのように悩むのはおかしい、と。それらのことは、考えなくても神が私たちを養ってくださるのです。私たちの人生、与えられた命には、はるかに大切なことがあるのです。

No. 84

不健康な生活や不摂生《ふせっせい》、
毎日の心配で
心が鈍くならないように
注意しなさい。

ルカ21・34

Across No.1 TRAVEL
FLARE
Digital Photo Studio
FLARE
エンタメ レストランタワー
PROMISE
格宣言!!
情熱価格
価格宣言!!

No. 85

体を殺しても、
魂《たましい》を殺すことのできない者を恐《おそ》れるな。

マタイ10・28／ルカ12・4

江戸時代や明治時代に、日本ではキリスト教徒に対する迫害があり、多くの信者が「殉教」*しました。信仰のために殺されることを恐れなかった人たちです。彼らはこのイエスの言葉を文字通り実行した人びとと言えます。彼らは、自分たちの肉体を殺す人たちが、心までも殺すことはできないことを知っていたのです。いつかは滅びる肉体よりも、永遠に続く魂をもっと大切に思って生きていたのです。

*信仰のために命をささげること。

No. 86

一粒《ひとつぶ》の麦は、
地に落ちて死ななければ、
一粒のままである。
だが、死ねば多くの実を結ぶ。

ヨハネ12・24

私たちの両親は、私たちを健康に育て、学校に送って勉強させ、さまざまなことを学ばせるためにどれほどの犠牲をしてくれたでしょうか。でも彼らはそれを「損をした」とは決して思っていないでしょう。子どもたちがよい子に育ってくれることがうれしいのですから。私たちがだれかを幸せにするためには、そんな「犠牲」が必要なのです。そしてイエスはそのことを「麦」にたとえました。自分中心に生きても、自分だけが少し満足して終わりです。でも自分がだれかのために自分を犠牲にする時、そこに豊かな実りが生まれる、という真理を教えてくれたのです。

No. 87

神は私たちと共にいます。

マタイ1・23

私たちは仲間たちで集まる時に、大きな喜びを感じます。もしくは自分の大好きな人と共にいることは最高にうれしいことです。「共にいる」ということは人間の根本的な望みを満たしてくれることではないでしょうか。このメッセージでは、「神が人間と共にいてくれる」と言います。まったく立場が違うのに、神は人間と共にいることを望んでいる。共に喜び、共に苦しむ。人の名前にもある「エマヌエル」とは「神は私たちと共にいる」という意味です。神は遠くにいる存在ではなく、あなたのそばにいますよ、というメッセージであり、クリスマスの中心的なメッセージでもあります。

No. 88

神が求めるのは
深い思いやりであって、
形だけのささげ物ではありません。

マタイ9・13（マタイ12・7）

イエスは当時、ほかの人たちから軽蔑《けいべつ》されていた「罪人《つみびと》」と言われるような人びとと食事を共にし、親しくしていました。しかしそれを批判する人たちもいました。宗教的に「自分は正しく生きている」と思っている人びとのことで、彼らはどうしてイエスが軽蔑すべき人たちと共にいるのか、わかりませんでした。そんな彼らにイエスは、「形式に縛《しば》られて生きるのではなく、ほかの人に対する愛をもって生きなさい」と言うのです。その愛とは、苦しむ人と共に苦しみ、彼らと同じに見られることを惜しまない、深い愛でした。

No. 89

空の鳥を見なさい。
天の父は彼《かれ》らをも養ってくださる。

マタイ6・26／ルカ12・24

松尾芭蕉《まつおばしょう》という俳人がいます。各地を旅して、俳句や紀行文を書いた江戸時代の俳人です。彼はある旅の途中、通る人も少ない山奥の脇道に、すみれの花が咲いているのを見ました。神から与えられた短い生涯を、ひっそりとけなげに生きている花を見て芭蕉は感動したのでしょう。それが有名な俳句「山路《さんじ》来て 何やらゆかし すみれ草」に表されました。イエスにも同じような視点がありました。花や鳥たちが父なる神を賛美しながら信頼して生きているのだから、人間ももっともっと神を信頼して生きていいんだよ、というメッセージです。

No. 90

人間にはできないことも、
神には何でもできます。

マタイ19・26／マルコ10・27／ルカ18・27

No. 91

私は一人ではない。
父が、共にいてくださるから。

ヨハネ16・32

「もっともひどい貧しさとは、孤独《こどく》でありだれからも愛されていないこと」とマザー・テレサは言いました。人はだれもが共にいてくれる存在を望んでいます。だれかが自分のことを理解してくれる、大切にしてくれる、いつも、特に困難にあった時にそばにいてくれる、という思いが人を根底から支えるのです。そしてまたその人も、ほかのだれかにとってそういう存在になることができるのです。イエスはすべての人に見捨てられたような状態でも、決して希望を失いませんでした。それはイエスが神に対して深い信頼関係を築いていていたからでした。

No. 92

私は良い羊飼い。
私は羊のために命を捨てる。

ヨハネ10・11―15

ある調査で、「好きな上司・嫌いな上司の特徴」というものがありました。嫌いな上司の特徴1位は「責任を逃れようとする」でした。反対に好きな上司の特徴1位は「リーダーシップがある」で、2位が「最後にはきっちり責任をとって部下を守ってくれる」でした。責任をとらず部下を守ってくれない上司は好かれません。反対に、自分が傷ついても部下を守ってくれる人に人はついていきます。イエスは「私は羊のために命を捨てる」と言います。「君たちのためなら自分の命さえ惜しくないよ」という言葉が信じられるボスがいたら、最高ですね。

No. 93

サタンよ、引きさがれ。
あなたは神のことを思わないで、
人間のことを思っている。

マタイ16・23／マルコ8・33

イエスには、常に一つのはっきりした物事の判断基準がありました。それは「御父《おんちち》（神）が望んでいることは何なのか」ということです。その基準の前では、いくら人間的に「普通はこうだ」というものがあっても、まったく関係なかったのです。弟子のペトロに、「あなたが十字架の上で死ぬなんてことはあってはなりません」と言われると、このように返したわけです。神が望むことを行わないなら、それは悪ということ。しかし、どうやってそれを見極めるのでしょうか。夜を徹して神に祈りをささげていたイエスだからこそ、それができたのでしょうね。

No. 94

皇帝《こうてい》のものは皇帝に、
神のものは神に返しなさい。

マタイ22・21／マルコ12・17／ルカ20・25

イエスを敵視していた人たちが、イエスを陥《おとしい》れようとして質問をしました。「皇帝に税金を納めることは法律にかなっていますか？」裏には複雑な政治問題があったのです。よいと言えば、それはユダヤの国を裏切ることになり、悪いと言えば、ローマ皇帝に不従順だと訴えられるのです（当時ユダヤはローマの属国でした）。それに対しての答えです。つまり、宗教の問題と、政治の問題を一緒にしてはいけない、ということ。ところで「神のもの」とは何でしょうか。イエスにとって、それは「人間そのもの」にほかなりません。

No. 95

神とお金の両方に
従うことはできません。

マタイ6・24／ルカ16・13

「お金に目がくらんで……。」人間はどうもお金の魅力、魔力にあらがえない存在のようです。お金を使って自分の欲望を満たしたい、思い通りにしたいのです。お金自体は本来悪いものではありませんが、お金に頼りすぎて貪欲《どんよく》になることは、拝金主義、つまりお金を神としていることと同じです。イエスはお金に対する警戒心をはっきりと表し、お金ではなく、私たちに心を配っておられる神を信頼しなさいと教えています。

No. 96

取って食べなさい。
これは私の体です。

マタイ26・26／マルコ14・22／ルカ22・19

この言葉を聞いたある子どもが言いました。「これって、アンパンマンじゃん！」そうです、そうなんです。パンでできた自分の顔を困っている人に食べさせ、元気になったその人を見て喜ぶアンパンマンマン。イエスはアンパンマンマンみたいな方、いやむしろアンパンマンがイエスみたいなのです。この言葉を弟子たちに伝えた翌日、イエスは十字架の上で亡くなります。人間のために命をささげたイエスの生き方にならって、私たちも周りの人のために尽くすこと、これがイエスのメッセージです。私たちもこの世界でイエスやアンパンマンのようになれるでしょうか。

No. 97

私は復活であり、命。
私を信じる人は、死んでも生きる。

ヨハネ11・25—26

だれにとっても「死」は恐ろしいことであり、避《さ》けられないことです。特に、自分の親しい人がこの世からいなくなって、もう永遠に会うことができないということは耐えられないと感じる人もいるでしょう。多くの宗教がこの「死」に対して何らかの答えをもっているのは当然とも言えます。イエスは「死」に対して、こう宣言します。「私を信じるならば、死んでも生きる」と。この世の命が終わってからも、続く命があるのだから、恐れないでもよい、という宣言でもあります。

No. 98

神が遣《つか》わされた者を信じること、
それが神の業《わざ》である。

ヨハネ6・29

「神の業を行う」と聞くと、ものすごいこと、たとえば特別な奇跡（パンを増やしたり、病気を治したり……）を行ったりすることのように思ってしまうかもしれません。イエスの周りの人びともそう考えていました。でも、イエスは「神の業」はそんなことじゃないんだよ、と言うのです。「神を信じる」こと自体が奇跡だし、神の業なんだよ、ということです。科学が発達して、あらゆることを人間ができるような気持ちになっているこの現代に、神を心から信じるなんて確かに奇跡なのかもしれません。

No. 99

神の国は、
君たちの間にあるんだよ。

ルカ17・21

神の国とは、神の思いが実現するところ。でもそれは、どこか夢のような特別な場所にあるものではなく、私たちの間にもうすでにあるんだよ、という言葉です。私たちがお互いを大切にし、自分のわがままを第一にするのではなく、苦しむ人、悲しむ人、助けを求める人に自分ができることをしていくこと。お互いのあやまちをゆるし、お互いの違いを受け入れて、それぞれの中にいる神の存在に気づくこと。その時、そこにもう神の国はあるんだよ、というメッセージです。

No. 100

これらのことを話したのは、
君たちが喜びに満たされるためです。

ヨハネ15・11

かみさま

編　者　サレジオ会日本管区

1859年、ドン・ボスコにより創立。青少年、特に貧しく不利な立場にいる青少年のために生涯をささげて働く、カトリックの神父・修道士による修道会。現在、1万6千人の会員が世界130以上の国で活動している。日本には14支部があり、青少年の人間形成のため教育・社会福祉・出版・教会活動に携わっている。
http://salesians.jp/

監修者　浦田慎二郎　うらた　しんじろう

1971年生まれ。サレジオ会司祭。教皇庁立サレジオ大学大学院霊性神学博士課程修了、神学博士号取得。専門はドン・ボスコ研究。著書に『フランシスコ・サレジオと共に歩む　神への道のり』、監修に『心が強く優しくなる　ドン・ボスコのことば100』、『こころの教育者ドン・ボスコの「ローマからの手紙」』（いずれもドン・ボスコ社）がある。

写真／関谷義樹

いつでも共《とも》にいてくれる
イエスのことば100

2013年11月1日　初版発行
2015年1月24日　初版第2刷発行

編　者　サレジオ会日本管区
監修者　浦田慎二郎
発行者　関谷義樹
発行所　ドン・ボスコ社
〒160-0004　東京都新宿区四谷1-9-7
TEL 03-3351-7041　FAX 03-3351-5430
印刷所　日之出印刷株式会社

ISBN978-4-88626-565-4 C0116
（乱丁・落丁はお取替えいたします）